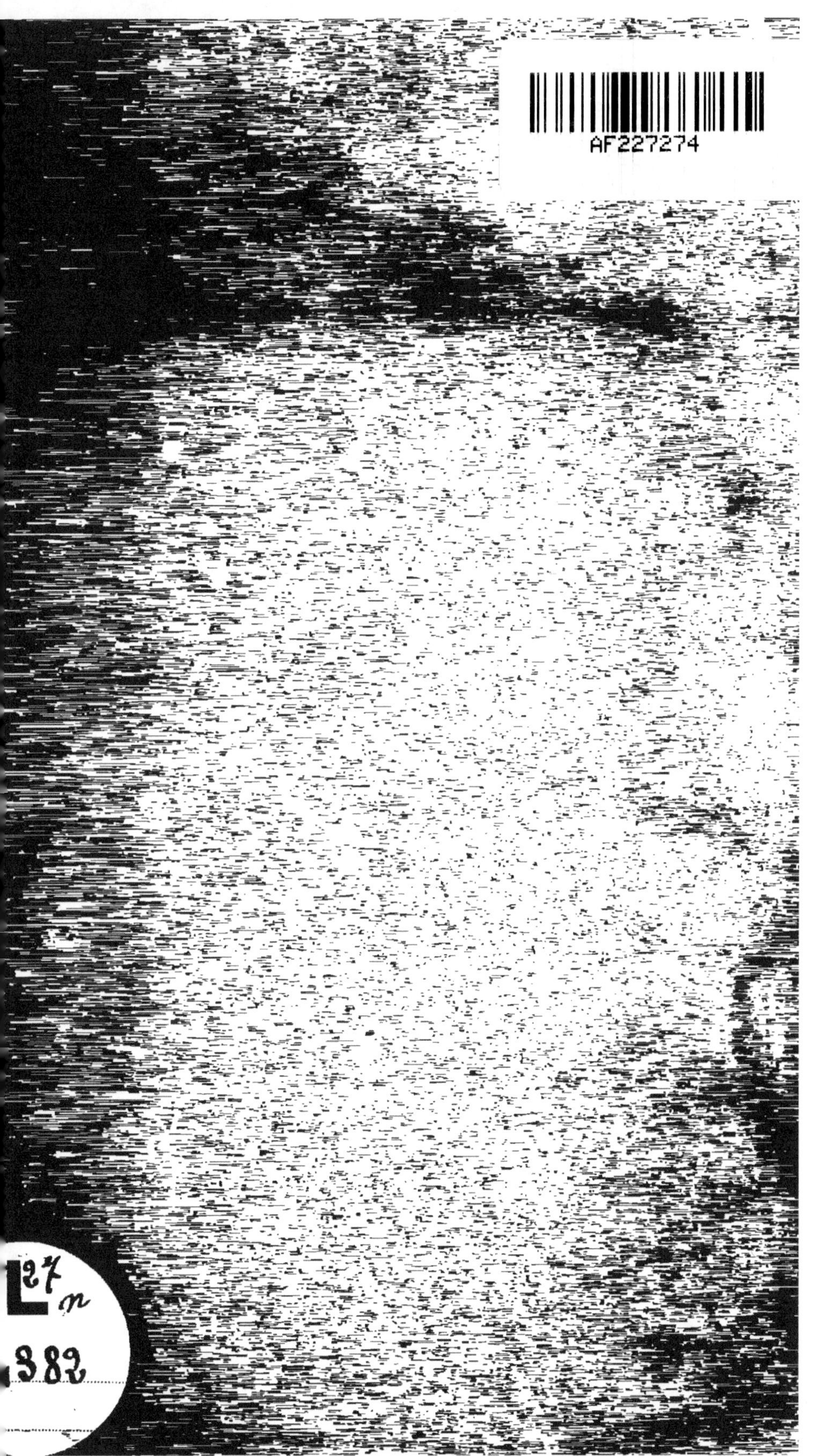

ESQUIROL.

ESQUIROL.

DISCOURS

PRONONCÉ

A LA SÉANCE SOLENNELLE DE LA SOCIÉTÉ IMPÉRIALE DE MÉDECINE,
CHIRURGIE ET PHARMACIE DE TOULOUSE;

PAR

Le Dr Gerard MARCHANT,

Président de la Société,

Professeur de médecine légale à l'École de médecine, Directeur–Médecin
en chef de l'asile public d'aliénés, Président de l'Association des
médecins de la Haute–Garonne, Membre correspondant
de la Société royale de médecine de Lisbonne, de
la Société médico-psychologique de Paris,
et de la Société de médecine
légale de la même
ville.

TOULOUSE,

IMPRIMERIE DOULADOURE;
ROUGET FRÈRES ET DELAHAUT, SUCCESSEURS,
Rue Saint-Rome, 36.

1868.

ESQUIROL.

———

Messieurs ,

Je cède à un sentiment de patriotisme en choisissant l'éloge
d'Esquirol pour sujet du discours que m'imposent vos règle-
ments. Je ne me dissimule pas , cependant, les difficultés de
la tâche que j'entreprends , mais je puiserai dans l'autorité
que vos suffrages m'ont donnée , la hardiesse dont j'ai besoin
pour porter un jugement sur un maître vénéré dont les opinions étaient toujours acceptées avec une respectueuse défé-
rence.

Si par un sentiment de piété , de reconnaissance et d'or-
gueil, chaque ville se souvenait de ses gloires , et montrait à
notre admiration les enfants illustres qui sont sa richesse,
Toulouse aurait le droit d'être parmi les plus fières. Pour ne
parler que des médecins , je citerai surtout, vers la fin du
xviii⁰ siècle trois hommes qui exercèrent la plus grande influence sur les progrès de la médecine moderne. Ils eurent
pour caractère commun un talent remarquable d'organisation.

Ces trois hommes furent, Pinel, docteur en médecine, de la Faculté de Toulouse, qui quitta cette ville en 1775; Jean-Dominique Larrey et Etienne Esquirol.

Les noms de ces trois hommes nous révèlent déjà les immenses services qu'ils ont rendus aux sciences médicales. Pinel, après avoir écrit son remarquable Traité sur la Manie, provoqua la réforme médicale qui commence à Bichat et se termine à Broussais. Il devient ainsi le véritable initiateur aux doctrines anatomiques et histologiques qui régnent encore dans nos écoles.

Les titres de Larrey sont tellement nombreux et variés qu'il est impossible de les signaler en quelques mots. Pariset n'hésita pas à dire en pleine Académie de médecine, que dans la bouche d'un Bossuet et d'un Fléchier, l'éloge du baron Larrey s'élèverait comme de lui-même, à la dignité sainte d'une oraison funèbre.

Je laisse à des plumes plus autorisées que la mienne le soin de revendiquer pour notre contrée l'illustration de ces deux grands hommes que la France et l'étranger nous envient. — J'essaierai dans cette solennité de rendre à la mémoire d'Esquirol, que je veux honorer, un hommage digne de lui, digne de vous, digne des deux éminents représentants de l'Administration et de l'Université à Toulouse, qui ont bien voulu par leur présence rehausser l'éclat de notre fête médicale.

Jean-Etienne ESQUIROL naquit à Toulouse le 3 février 1772. Il était fils de Jean-Baptiste Esquirol, négociant, que l'estime de ses concitoyens éleva, en 1787, aux honneurs du capitoulat.

J'aurais un grand avantage pour le but que je me propose, à vous donner une esquisse biographique d'Esquirol, mais sa vie a été si souvent et si heureusement écrite, que je ne crois pas devoir la reproduire. Pourrais-je, d'ailleurs, vous faire apprécier la finesse et la solidité de son esprit, l'élévation et la loyauté de son caractère? Peu d'entre vous ont connu ce maître excellent dont les actions et les ouvrages ont honoré la France, je ne peux donc pas espérer que mes paroles seront l'expression de vos propres sentiments. Je serais moins favorisé que ne le fut Pariset en prononçant l'éloge d'Esquirol dans la séance publique annuelle de l'Académie de médecine en 1844. Il avait des intelligences dans les cœurs de ses collègues, et il n'avait pas d'efforts à faire pour les convaincre que la perte de ce maître, de cet ami, a laissé comme une leçon perpétuelle de droiture, de modération, de désintéressement et de bonté. Ma tâche sera plus ingrate et plus sérieuse : ne pouvant pas vous faire aimer, comme il le mériterait, l'homme bienfaisant, généreux et vertueux, j'obtiendrai, je l'espère, votre légitime admiration pour les travaux du médecin, de l'aliéniste et de l'organisateur.

Esquirol commença ses études médicales à Toulouse sous les Gardeil et les Alexis Larrey ; il les continua à Montpellier où il refusa l'honneur périlleux d'être le secrétaire de Barthez. Il alla à Paris en 1798 (l'an VII) et il obtint de Mme Molé une généreuse hospitalité qui lui permit de continuer ses études médicales Il se lia d'amitié avec Bichat, Schwilgué, Roux, Landré-Beauvais. Ces relations avec des hommes qui ont tous laissé un nom distingué dans la science, témoignent déjà en faveur des habitudes studieuses d'Esquirol, elles dénotent surtout une aptitude qui devait un jour lui promettre de devenir leur égal en savoir et en renommée.

Esquirol obtenait le grade de docteur en médecine en 1805, mais déjà avant cette époque, il était devenu l'élève favori et le collaborateur de Pinel. Ce fut lui qui rédigea le Traité de médecine clinique, avec un talent qui révélait une expérience très-étendue et très-éclairée. Il avait donc fait des études médicales très-sérieuses, lorsque ses travaux attirèrent l'attention du monde savant.

Pour bien apprécier les doctrines médicales d'Esquirol, il faudrait analyser celles de son maître Pinel, auquel la postérité n'a pas rendu la justice qui lui est due. Ce fut à la clinique de la Salpêtrière que prit naissance cette belle classification fondée sur le caractère des affections organiques. Ce caractère étant varié, dit très-bien Husson, dans sa Notice sur Bichat, Pinel en a conclu que la structure des parties membraneuses n'était pas identique. Cette vue profonde, Pinel l'avait dès 1792. Lorsqu'elle se trouva confirmée en 1800 par le beau travail de Bichat sur les membranes, avec quelle effusion de cœur il applaudit à ce premier essai de génie ! Pinel avait tiré la conclusion avant que Bichat eût posé les prémisses.

Pinel était solidiste presque sans restriction ; il considérait la dépravation des humeurs comme un phénomène secondaire, subordonné au trouble des solides. Dans l'être vivant, dit Pinel, tout est lié par la plus étroite dépendance ; ses besoins et ses facultés, ses organes et le liquide qui les forme et les entretient ; tellement qu'entre le sang et le système nerveux, entre le sang et les muscles, entre le sang et le produit qu'il laisse échapper dans sa course, de même qu'entre le sang et l'aliment d'où il est tiré, et dont le choix est inspiré par le besoin, entre l'aliment et le suc destiné à le fondre et à le vivifier, ainsi de suite pour tout le reste, il existe des dispositions corrélatives, cachées, impénétrables, mais réelles, mais réciproques, ou faites exactement l'une pour l'autre ; d'où résulte pour chaque animal l'harmonie de l'ensemble et d'où l'on voit, pour conclusion finale, que toutes ces choses se supposant mutuellement, il suffirait à des yeux exercés, s'ils pouvaient assez l'être, d'en découvrir une seule pour les apercevoir toutes.

Ces doctrines si éminemment positives furent adoptées par Esquirol, qui peut être considéré comme un des premiers promoteurs de l'école anatomo-pathologique. Chose même digne de remarque, on trouve l'élève plus affirmatif que le maître. Mais si, à cet égard, les convictions d'Esquirol sont accentuées dans ses premiers travaux, on les voit s'affaiblir à la longue sous l'influence des mécomptes que lui donnèrent plus d'une fois ses recherches anatomo-pathologiques.

Malgré ces mécomptes, Esquirol n'abandonna jamais ses

croyances sur le rôle des organes dans les maladies, mais il fut obligé d'admettre des influences éloignées, soit d'autres organes, soit de l'influx nerveux, soit des modifications des liquides de l'économie. Dans quelques circonstances, restant fidèle à ses convictions, Esquirol attribuait à l'imperfection de nos moyens d'investigation l'absence des lésions anatomiques, dont la théorie lui avait fait admettre l'existence. Enfin, j'ai souvent entendu Esquirol fonder les plus grandes espérances sur les services que pourraient rendre à la science médicale, les progrès de la chimie organique et l'emploi du microscope.

Il serait difficile de contester les doctrines anatomiques d'Esquirol, soit qu'on lise ses ouvrages, soit qu'on se reporte à son enseignement clinique, soit enfin qu'on étudie les travaux de ses élèves. Georget, Foville, Delaye, Calmeil, Bouchet, Baillarger ont enrichi la science de découvertes précieuses, et ont acquis une légitime autorité. Ils furent tous des élèves dignes de leur maître.

En France, il faut donc considérer la Salpêtrière comme le berceau de l'anatomie pathologique. Ce fut sous l'impulsion de Pinel et d'Esquirol, que les Rostan, les Rochoux, les Prost, publiaient leurs importants travaux. Ce furent encore de la Salpêtrière que partirent les premières protestations, contre les exagérations de l'Ecole de Broussais. Enfin, Esquirol et ses élèves doivent être considérés comme les premiers promoteurs de la réhabilitation du traitement des maladies par les toniques. Témoins des dangers de la médication anti-phlogistique dans les affections nerveuses, ils durent bientôt renoncer à cette méthode et lui substituer l'usage des toniques. Les résultats qu'ils obtinrent furent tellement heureux, que bientôt ils généralisèrent cette thérapeutique en l'appliquant au traitement de diverses autres affections. Le professeur Trousseau, ancien interne de Charenton, popularisa par son enseignement, une doctrine que l'expérience des aliénistes avait dès longtemps consacrée, et dont les travaux de Buchez et de M. Cérise démontrèrent la valeur théorique.

J'arrive, Messieurs, à l'appréciation des travaux les plus importants d'Esquirol, à ses études sur l'aliénation mentale qui se rattachent à la philosophie la plus sublime. Ses écrits peuvent être considérés comme une leçon pour les philosophes, qui se proposent d'étudier l'histoire de l'entendement humain. Triste condition de l'homme, Messieurs! Il ne connaît sa force que par ses infirmités. Cette vérité, vous ne la contestez pas dans le domaine de la physiologie ; vous savez très-bien que cette science qui a pour objet l'étude des fonctions des organes, doit ses faits les mieux établis à l'observation simultanée des organes à l'état de santé, et des organes à l'état de maladie. Ces deux genres d'observations se prêtent un mutuel appui et de nombreux moyens de contrôle. Pourquoi la psychologie qui est dans l'ordre spirituel ce qu'est la physiologie dans l'ordre physique, ne retirerait-elle pas les mêmes avantages de cette méthode ? On l'a dit avant moi : pour apprendre quel est le prix de ses plus nobles attributs, intelligence et liberté, il faut que l'homme en perde l'usage. C'est, en effet, dans les ruines de l'esprit que se découvrent sensiblement l'origine, l'enchaînement, la dépendance étroite et mutuelle de nos instincts conservateurs, de nos penchants bruts, de nos sentiments moraux, de nos pouvoirs intellectuels, de nos facultés de perception, de notre volonté, de nos actions. C'est en procédant au rebours des méthodes de l'Ecole, c'est en débutant par l'observation de tout ce que l'entendement humain témoigne de faiblesses et d'infirmités qu'on peut s'élever à des vérités d'un ordre supérieur et d'un intérêt majeur pour la métaphysique, la morale, la politique ; c'est dans les débris de l'intelligence humaine que sont cachés les vrais principes de l'éducation, ceux des lois civiles et criminelles. C'est parce que les philosophes ont approfondi d'une manière exclusive ce que l'intelligence présente de plus élevé, qu'ils ont mal apprécié sa nature et ses pouvoirs. Tandis qu'ils nous la dépeignent fière et toujours libre, l'observation de chaque jour nous la signale fragile et trop souvent subordonnée.

Les principaux travaux d'Esquirol sur l'aliénation mentale, sont rassemblés dans un Traité qui fut publié dans les premiers jours de 1838, sous le titre suivant : *Des maladies mentales, considérées sous les rapports médical, hygiénique et médico-légal.*

Par un oubli que je ne puis m'expliquer, Esquirol n'a pas compris dans ce dernier ouvrage, sa thèse inaugurale qui date de 1805 et qui roule sur les passions. Ce travail peu connu, devenu très-rare, forme à mon avis, le meilleur programme qui puisse être donné d'un Traité sur la folie. Il est intitulé : *Des passions considérées comme causes, symptômes et moyens curatifs de l'aliénation mentale.*

Dès les premières lignes, Esquirol nous révèle ses tendances anatomo-physiologiques : Les métaphysiciens, dit-il, ont pensé que cette maladie (la folie) appartenait exclusivement à leurs discussions, comme les moralistes s'étaient attribué à eux seuls de connaître et de diriger les passions. Les uns et les autres ont perdu de vue le véritable point de départ ; ils ont négligé l'homme physique et se sont jetés dans de vaines théories.

Esquirol ne définit pas les passions, il n'ose pas non plus aborder les divers systèmes des métaphysiciens sur leur origine, leur siége et leur développement. Ne faudra-t-il pas, dit-il, apprécier les influences variées de l'homme physique sur l'homme moral, pour juger si tel désordre intellectuel et moral appartient à la prédominance de tel organe, de tel système, de telle fonction ? Plus loin, il ajoute : Les passions appartiennent à la vie organique : leurs impressions se font sentir dans la région épigastrique ; que ce soit primitivement ou secondairement, elles ont là leur foyer. Aussi donc, mon savant maître avance implicitement, d'accord en cela avec la plupart des moralistes, que les passions sont des penchants de la nature poussés à l'excès et dont les mouvements ne sont pas volontaires : l'homme est purement passif quand il les éprouve ; il devient actif quand il y consent ou qu'il les réprime.

Pour bien apprécier, Messieurs, l'importance des passions comme causes ou symptômes de la folie, il faut d'abord se souvenir que les facultés de l'âme ont été divisées en facultés intellectuelles et en facultés morales ou affectives. C'est à l'aide des facultés intellectuelles que l'homme acquiert la connaissance du monde extérieur, qu'il recherche les vérités scientifiques, qu'il combine certains moyens dans l'ordre le plus propre à atteindre les fins qu'il se propose, et qu'il communique à ses semblables les acquisitions qu'il a faites. Mais la combinaison des moyens tendant à une fin particulière, présuppose une détermination de notre être, qui fait que nous désirons atteindre le but proposé (1). C'est au principe de ces déterminations, de ces penchants, de ces passions, de ces volontés qui nous portent à exercer les facultés intellectuelles que l'on a donné le nom de facultés morales ou affectives.

Chez l'homme en santé, les facultés morales ou affectives constituent le fond de l'intelligence, son fait primordial ou générateur, les facultés intellectuelles ne sont que des instruments dont nous nous servons pour atteindre le but vers lequel les premières nous poussent. Les facultés morales d'où dérivent toutes nos passions sont donc, dans le monde spirituel, ce qu'est le mouvement dans le monde physique : il crée, anéantit, conserve, anime tout : ce sont elles aussi qui vivifient, excitent l'intelligence, de telle sorte que tous nos efforts intellectuels sont subordonnés à l'énergie et à l'activité de nos penchants.

Chez l'homme aliéné, les troubles des facultés de l'âme devaient se présenter dans les mêmes rapports qui ont été assignés à leurs manifestations morales. En d'autres termes, le délire des pensées et des paroles, n'est que l'expression du délire des sentiments moraux ; ou bien encore les troubles de l'intelligence sont à ceux des passions, ce que l'effet est à la cause, l'expression à la chose exprimée.

____

(1) Reid.

De ce fait d'observation, découle la nécessité d'un équilibre constant entre les diverses facultés affectives, pour que la raison conserve toute sa force, pour que l'homme trouve toute la plénitude de sa liberté, c'est-à-dire le pouvoir d'être juste.

Qu'un tel équilibre soit rompu, et bientôt se révéleront les troubles les plus variés de la sensibilité et de l'intelligence ; la volonté s'associant à la passion, se complaisant dans ses illusions dangereuses, les sanctionnera de toute sa puissance et constituera ainsi un véritable accès de folie.

Ainsi donc, pour Esquirol, non-seulement les désordres des passions forment le début de la folie, mais encore les passions ont avec cette maladie et ses variétés les rapports de ressemblance la plus frappante. Toutes les espèces d'aliénations, dit-il, ont leur analogie, et pour ainsi dire leur type primitif dans le caractère de chaque passion. Celui qui a dit que la fureur est un accès de colère prolongé, aurait pu dire avec la même justesse que la manie érotique est l'amour porté à l'excès ; la mélancolie religieuse, le zèle ou la crainte de la religion poussés au delà des bornes ; la mélancolie avec penchant au suicide, un accès de désespoir prolongé.

Les rapports des passions avec l'aliénation se multiplient à mesure qu'on approfondit l'étude pratique de cette maladie. Or, on apaise une passion en lui opposant une passion contraire. On doit donc guérir la folie en employant les mêmes moyens. Ainsi donc, le traitement des aliénés n'est à proprement parler, qu'une éducation, laquelle ne diffère de toutes les autres que par les difficultés extrêmes dont elle est hérissée, et par la nécessité pour le médecin de déployer toutes les ressources de l'esprit le plus sagace et le plus inventif, toutes les bontés du cœur le plus tendre et le plus compatissant. Mais, dit Pariset, dans cette prodigieuse variété de formes qu'affecte l'aliénation mentale, et au milieu de tant d'incidents imprévus qui en traversent la marche, qu'un tel art demande de réserves, de finesse et de tact ! qu'ici les méprises sont faciles et qu'elles sont dangereuses !

La thèse d'Esquirol eut un très-légitime et immense succès dans la science; elle fut traduite en allemand, en italien et en anglais. On doit la considérer comme une sorte de préambule de son grand ouvrage, dont elle résume, d'ailleurs, la partie doctrinale. Aussi ne crois-je pas nécessaire de faire l'analyse de tous les Mémoires dont se compose l'ouvrage d'Esquirol. Entreprendre cette analyse serait entreprendre l'histoire entière de l'aliénation mentale, car il n'est aucune des formes que cette maladie peut revêtir, qu'Esquirol ne l'ait observée et décrite. Il a examiné la folie, dit Leuret, dans ses causes, dans ses symptômes, dans sa marche et ses terminaisons ; il l'a considérée dans ses rapports avec l'histoire, la civilisation, l'âge, les professions et les climats. Il a signalé aux médecins d'abord, ensuite aux magistrats, l'existence de la monomanie homicide, et par là, il a épargné à la Société la honte et le malheur d'envoyer des malades à l'échafaud.

En 1817, Esquirol ouvrit le premier cours clinique que l'on eût encore entendu sur les maladies mentales. Cet enseignement eut un succès, dont le souvenir se perpétue encore parmi les aliénistes. Ce fut de cette école que sortirent les premiers médecins placés, grâce au légitime crédit dont Esquirol jouissait, à la tête des grands asiles d'aliénés, Foville, à Rouen, Delaye à Toulouse, Rech à Montpellier, Bouchet à Nantes, Chambeyron à Rennes, Payen à Orléans, et bien d'autres furent tous formés par les leçons d'Esquirol. En Allemagne, en Italie, en Angleterre, les médecins spéciaux qui se sont distingués dans la science s'estiment heureux d'avoir assisté aux leçons de la Salpêtrière, et de se dire les élèves d'Esquirol. Ils le sont en effet, car ils ont lu et médité les ouvrages qu'ils ont traduits dans leur langue et dont ils ont fait le Code de leur pratique.

Esquirol a abordé toutes les questions que comporte l'étude de la folie. Il a réuni, analysé et classé les symptômes de cette maladie avec une telle sagacité, une telle exactitude que ses descriptions sont de véritables portraits photographiés.

Ils peuvent utilement servir à la solution des problèmes si variés, si complexes, si difficiles qui sont, en France surtout, la constante préoccupation des moralistes, des psychologues, des médecins, des criminalistes, des administrateurs.

C'est une des gloires d'Esquirol d'avoir formé des élèves qui l'acceptent tous pour leur porte-drapeau, tandis qu'ils présentent entre eux les dissemblances les plus absolues. Vous citer les noms de Georget, de Boucher, de Leuret, ceux de MM. Calmeil, Mitivié, Falret, Voisin, Trelat, Foville, Delaye, Lelut, Payen, Baillarger, Moreau, Archambault, Chambert, Désmaisons, etc., c'est vous donner la liste d'hommes tous distingués par leur savoir, leur intelligence et leur honorabilité, mais qui, par leurs doctrines, présentent les différences les plus extrêmes. — J'hésite à vous dire, Messieurs, qu'Esquirol, fut l'Hippocrate de la médecine mentale, mais ce que j'affirme, c'est qu'encore, trente ans après sa mort, il n'est permis à personne de traiter une question d'aliénation mentale sans citer l'opinion de notre savant et vénéré maître.

Toutes les réformes sont lentes à réaliser, lors même qu'on en sent généralement l'opportunité. Esquirol devint l'apôtre des idées nouvelles sur les besoins des aliénés. A ses frais il parcourut toutes les villes de France pour visiter ce genre de malades dans les prisons et dans les établissements qui leur étaient affectés. Partout sa voix généreuse et ses sentiments d'humanité provoquèrent des réformes favorables. En 1818, il présentait un Mémoire à M. le Ministre de l'intérieur, dans le double but de lui dénoncer l'état déplorable des aliénés en province et de lui signaler les meilleures dispositions à prendre pour améliorer leur sort. Il faut lire le Mémoire précité pour apprécier l'horreur des conditions au milieu desquelles vivaient alors les aliénés. La Société méconnaissant dans ces infortunés que la raison abandonne l'homme, le citoyen qu'elle devait secourir et protéger, les confondait, dans son ignorance et son effroi, avec les plus vils infracteurs des lois, et les reléguait dans les prisons ou dans les parties les plus reculées de ses hospices. « Je les ai vus, écrivait Esquirol, nus, couverts de haillons, n'ayant que la paille pour se garantir de la froide humidité du pavé sur lequel ils sont étendus. Je les ai vus, grossièrement nourris, privés d'air pour respirer, d'eau pour étancher leur soif et des choses nécessaires à la vie: je les ai vus livrés à de véritables geoliers, abandonnés à leur brutale surveillance; je les ai vus dans des réduits étroits, sales, infects, sans air, sans lumière, enchaînés dans des antres où on craindrait de renfermer les bêtes féroces que le luxe des Gouvernements entretient à grands frais dans les capitales..... A Toulouse, dans une salle d'environ vingt lits, qui est sous les toits, on a suspendu aux murailles, et au-dessus de chaque lit, une chaîne qui porte une ceinture de fer. Les aliénés, en montant dans leur lit secouent ces chaînes qui vont les accabler pendant la nuit..... De temps immémorial, les Médecins de l'Hôtel-Dieu visitaient, tous les mois, les indigents de l'hospice de la Grave; jamais ils n'allaient dans les quartiers de force où les fous étaient enchaînés dans des cachots sur des lits bâtis en maçonnerie. »

Les efforts d'Esquirol dans la noble cause à laquelle il consacra sa vie, furent couronnés de succès. Son active philanthropie le fit triompher de cette incrédulité décourageante que provoquent toutes les nouveautés s'élevant au-dessus des idées communes; elle fit taire ces préjugés si enracinés que tout le monde partageait sur l'état des aliénés; enfin, elle put souvent lui permettre de surmonter les difficultés non moins grandes que faisait naître la nécessité de dépenses toujours onéreuses et considérables. Partout, en France et à l'étranger, à la voix d'Esquirol, les asiles spéciaux furent transformés, des établissements nouveaux furent créés; partout la dignité humaine fut réhabilitée dans la personne des aliénés, en même temps qu'un traitement paternel remplaçait le régime de la force, de la violence et de la barbarie.

Les idées philosophiques, les sentiments d'humanité proclamés par Esquirol ont reçu dans ces derniers temps une impulsion qui étonnerait mon maître vénéré. On ne s'est pas contenté de proscrire tous les moyens de contrainte, mais, séduits par les résultats favorables obtenus dans les asiles où les malades jouissent d'une liberté presque absolue, des esprits systématiques ont contesté l'utilité et la nécessité des établissements spéciaux. Ces doctrines, qui ont été émises au sein de quelques Conseils généraux, qui ont eu de l'écho dans nos chambres politiques, qui ont été soutenues par de rares hommes de la science, révèlent un progrès relativement à l'intérêt qu'inspirent les aliénés, mais elles sont dangereuses, et contraires aux vrais besoins des aliénés.

En 1835 l'administration supérieure créa une inspection générale pour les services des asiles d'aliénés. Les titres d'Esquirol furent méconnus : l'amitié d'un Ministre puissant inspira un déni de justice que tous les aliénistes déplorèrent. Esquirol lui-même ne sut pas se soustraire à la douloureuse émotion que cette ingratitude de l'administration fit naître en lui.

En 1823, Esquirol fut nommé inspecteur général de l'Université, il honora ces fonctions et son caractère, en faisant, lui, si partisan de la légitimité, réintégrer dans sa chaire, le professeur Lallemand de Montpellier, accusé d'inspirer à ses élèves des principes révolutionnaires. Il empêcha aussi la suppression du collége de Sorèze entaché de libéralisme.

A la révolution de juillet 1830, M. de Monthel, alors ministre, chercha en vain un asile chez ses anciens amis. Reconnu à Auteuil par un domestique fidèle, il n'obtint pas de son maître l'hospitalité qu'il en attendait. L'émeute était alors puissante et redoutée, mais M. Esquirol n'écoute que la voix de son cœur, il reçoit M. de Monthel dans sa maison d'Ivry où déjà sa famille s'était réfugiée ; M. Esquirol prend les précautions que la prudence commandait, et tranquille, parce qu'il a fait son devoir, il s'en remet pour le reste aux soins de la providence.

Esquirol n'a jamais été entouré de flatteurs, circonstance bien rare dans la haute position qu'il occupait et qui seule suffirait à son éloge. Spiritualiste très-convaincu, profondément religieux , très-dévoué aux principes et aux personnes de l'ancienne monarchie , il n'exigea de personne ni l'approbation de ses croyances ni la conformité de ses opinions. Aussi aimait-il à faire remarquer que ses meilleurs amis, ceux qu'il avait admis chez lui et traités avec plus d'affection , avaient presque toujours combattu ses croyances.

Esquirol est devenu successivement médecin de la Salpêtrière , membre de l'Académie royale de médecine , inspecteur général de l'Université , médecin en chef de Charenton , correspondant de l'Académie royale des sciences morales et politiques , membre du Conseil de salubrité de Paris et associé de presque toutes les sociétés savantes de l'Italie et de l'Allemagne.

Par une étrange mais trop commune particularité, Esquirol qui a toujours aimé son pays et qui a accueilli ses concitoyens avec une rare cordialité , n'a jamais obtenu de titres honorifiques dans les Académies ou Sociétés savantes de Toulouse.

Cette espèce d'ostracisme involontaire qui s'est exercé sur l'un des enfants les plus illustres de Toulouse pendant sa vie, doit-il se continuer après sa mort?

Un commencement de réparation a été donnée à la mémoire d'Esquirol dont une rue de la ville porte le nom. Mais est-ce là tout ce que nous devons faire pour proclamer une des gloires les plus pures du xix⁰ siècle. Le buste d'Esquirol ne devrait-il pas être placé dans notre salle des Illustres?

Toulouse est en retard, Messieurs, pour honorer Esquirol, la France nous a devancés dans l'œuvre de la reconnaissance et de l'admiration que je viens vous proposer. En 1862 on inaugurait dans la cour d'honneur de la maison impériale de Charenton , la statue d'Esquirol votée depuis longtemps par le Gouvernement et exécutée aux frais de l'Etat par Armand Toussaint.

M. Parchappe, qui présidait à cette solennité au nom de Son Excellence M. le Ministre de l'Intérieur, prononça un magnifique discours dont je citerai les deux premières phrases :

« Dans la glorification de l'homme de dévoûment et de

science dont la statue qui vient d'être dévoilée est destinée à perpétuer ici l'image et le souvenir, il y a plus qu'un hommage de reconnaissance et un acte de justice.

» Il y a un éclatant témoignage de la profonde sympathie de l'Empereur et de la France pour l'œuvre sainte de la bienfaisance et du progrès. »

Ne vous sentez-vous pas attristés, Messieurs, après avoir entendu ces élogieuses et justes paroles, de constater que Toulouse n'a rien fait pour honorer la mémoire d'un homme de bien qui exerça une puissante influence sur les opinions de son temps. Notre indifférence n'est-elle pas une tache infligée à nos sentiments de patriotisme? Cette indifférence ne pourrait-elle pas être considérée comme une protestation contre le glorieux jugement des contemporains et de la postérité?

J'ignore quelles démarches il faut faire pour qu'Esquirol reçoive à Toulouse la couronne de gloire que la France lui a déjà accordée. Aidez-moi de vos sympathies, associez-vous à mes efforts, et le collègue que nous aimons, que nous sommes fiers de voir placé à la tête de l'administration municipale, aplanira toutes les difficultés; M. Filhol, qui a déjà accompli tant d'importantes œuvres, voudra encore attacher son nom à une grande et noble pensée. Il hâtera le moment de la reconnaissance toulousaine, il donnera au buste d'Esquirol la durée immortelle des souvenirs qu'il a laissés, inspirant ainsi par le spectacle de cette glorieuse récompense, de généreuses émulations.